HINDUISKA GUDAR OCH GUDINNOR
EN INTRODUKTION TILL HINDUISKA GUDOMLIGHETER

Viviktha Venkatanarasimharajuvaripeta
Illustrerad av Sanskriti Shukla

Agni

Agni är eldguden i den hinduiska mytologin och en av de viktigaste gudarna. Han avbildas med ett eldigt utseende, ofta åtföljd av två huvuden och flera armar.

Agni tros ha kraften att omvandla och rena, och är central för ritualer och offergåvor. Han ses också som en medlare mellan människor och gudar, som bär upp böner och offer till himlen.

Agnis destruktiva förmåga är också erkänd, eftersom eld har potential att orsaka stor skada. Sammantaget vördas Agni som en symbol för energi, vitalitet och transformation.

Brahma

Brahma är en framträdande gud inom hinduismen och kallas ofta för universums skapare. Han är en av Trimurti, tillsammans med Vishnu och Shiva, som representerar aspekterna av skapelse, bevarande respektive förstörelse.

Brahma avbildas med fyra huvuden, som symboliserar hans enorma kunskap och visdom, och fyra armar, som representerar de fyra vedorna.

Trots sin status som en viktig gudom är dyrkan av Brahma mindre vanlig i modern hinduism jämfört med Vishnu och Shiva.

Durga

Durga är en kraftfull gudinna som är känd för sin styrka, sitt mod och sin vilda natur. Hon avbildas som en krigargudinna, ofta ridande på ett lejon och med vapen i sina många armar.

Durga tros ha skapats av gudarna för att besegra buffeldemonen Mahishasura, vilket symboliserar det godas triumf över det onda. Hon förkroppsligar feminin energi och vördas som den gudomliga modern, som ger skydd och vägledning till sina anhängare.

Durga firas under Navaratri-festivalen, där hennes olika former och attribut hedras. Hon representerar den orubbliga beslutsamheten att möta utmaningar och övervinna hinder, vilket innebär egenmakt och omvandling.

Ganesha

Ganesha är en allmänt dyrkad gud som är känd som den som avlägsnar hinder och som gud för begynnelser. Han avbildas som en figur med ett elefanthuvud och en rundad, knubbig kropp.

Ganesha avbildas ofta med flera armar som håller i olika symboliska föremål som en lotusblomma, en yxa eller en modak (en sötsak). Han avbildas också ridande på en mus, hans gudomliga fordon.

Ganesha vördas för sin visdom, sitt intellekt och sin förmåga att övervinna utmaningar. Han dyrkas innan man ger sig i kast med något nytt eller söker framgång i olika aspekter av livet.

Ganesha är högt ansedd inom hinduismen och firas under festivalen Ganesh Chaturthi, där hans idoler är omsorgsfullt dekorerade och tillbedjs av hängivna.

Hanuman

Hanuman är en älskad gud som är känd för sin orubbliga hängivenhet och oöverträffade styrka. Han avbildas med en apas ansikte och en muskulös kropp, ofta avbildad i en rödaktig nyans.

Hanuman vördas som sinnebilden för lojalitet, mod och osjälviskhet. Han spelade en avgörande roll i eposet Ramayana, där han hjälpte Lord Rama i hans strävan att rädda sin fru Sita från demonkungen Ravana.

Hanuman besitter extraordinära krafter och betraktas som skyddsgud för brottare, atleter och alla som söker styrka och skydd mot hinder. Han tillbes med stor vördnad och hängivenhet, särskilt på tisdagar, och hans populära sång "Jai Hanuman" reciteras av hans anhängare som ett sätt att be om hans välsignelser och vägledning.

Krishna

Krishna är en stor gud som vördas för sin gudomliga skönhet, charm och sin roll som den åttonde avataren av Lord Vishnu. Han avbildas som en blåhudad figur med ett leende ansikte och med påfågelfjädrar i håret.

Krishna brukar avbildas när han spelar flöjt, vilket symboliserar hans kärlek till musik och hans förmåga att förtrolla andra. Han är känd för sina busiga upptåg i barndomen och sina läror i eposet Mahabharata, där han förmedlar djupgående visdom och insikter till sin lärjunge Arjuna i form av Bhagavad Gita.

Krishna vördas som den högsta varelsen, den som ger kärlek, glädje och lycka, och dyrkas allmänt för sin gudomliga lekfullhet, medkänsla och vägledning i att leva ett rättfärdigt liv. Hans anhängare firar festivaler som Janmashtami och Holi med stor entusiasm och hängivenhet.

Kurma

Kurma, i den hinduiska mytologin, vördas som den andra avataren av Lord Vishnu, bevararen i den hinduiska treenigheten. Namnet "Kurma" betyder "sköldpadda" på sanskrit och symboliserar den form som Vishnu antog under en kosmisk händelse som kallas havets omvälvning.

Hans orubbliga styrka och stabilitet exemplifierar det gudomliga stöd som krävs för att den kosmiska processen ska kunna utvecklas smidigt. Kurmas närvaro symboliserar också tålamod, uthållighet och viljan att tjäna ett högre syfte.

Kurma avbildas ofta som en sköldpadda med Lord Vishnus överkropp som kommer ut ur skalet. Denna form representerar den sömlösa integrationen av det gudomliga i den naturliga världen och betonar hur alla levande varelser är sammanlänkade.

Genom legenden om Kurma finner hinduer andliga lärdomar om uthållighet, uppoffringar och vikten av att upprätthålla den kosmiska balansen. Anhängare åberopar Kurmas välsignelser för stabilitet, tålamod och förmågan att uthärda utmaningar med nåd och styrka.

Lakshmi

Lakshmi, den hinduiska gudinnan för rikedom, välstånd och förmögenhet, är en av de mest vördade och dyrkade gudarna i den indiska mytologin. Lakshmi tros vara Lord Vishnus gemål och avbildas som en vacker och lyckobringande gudinna med fyra armar, som ofta håller lotusblommor och andra symboler för överflöd.

Hon förknippas med materiell och andlig rikedom, liksom med fertilitet och lycka. Anhängare söker hennes välsignelser för att uppnå ekonomiskt välstånd, framgång och allmänt välbefinnande i sina liv. Lakshmi firas under festivalen Diwali, där man tror att hennes närvaro ger glädje och välstånd i hem och företag.

Som en gudom som representerar överflöd förkroppsligar Lakshmi idealen om välstånd, generositet och andlig tillväxt.

Kali

Kali är en skräckinjagande och kraftfull gudinna i den hinduiska mytologin. Hon avbildas ofta som en mörkhyad figur med vilt hår, utskjutande tunga och en krans av människohuvuden.

Kali förkroppsligar frihet, förstörelse och tid. Hon förgör onda krafter och förknippas ofta med död och förvandling. Trots sitt skrämmande utseende representerar Kali också moderskärlek och beskydd, särskilt gentemot sina anhängare. Hon dyrkas för sin förmåga att ge befrielse, visdom och andligt uppvaknande.

Kali åkallas ofta i kristider eller när man försöker övervinna hinder, eftersom hennes energi anses vara våldsam och transformativ. Hon är en komplex och mångfacetterad gudom, som förkroppsligar både de destruktiva och vårdande aspekterna av det gudomligt feminina.

Narasimha

Narasimha är en framträdande gud i den hinduiska mytologin som är en kombination av både människo- och djurform. I sin form har han huvudet av ett lejon och kroppen av en människa.

Narasimha anses vara den fjärde inkarnationen av Lord Vishnu, och han symboliserar gudomligt skydd och rättvisa. Han dyrkas ofta för sitt mod och sin förmåga att förgöra onda krafter.

Narasimha är känd för sin grymhet, eftersom han besegrade demonkungen Hiranyakashipu, som orsakade kaos och plågade världen. De hängivna söker hans välsignelser för att övervinna hinder, rädsla och för att uppleva gudomligt skydd och befrielse.

Narasimha vördas under festivalen Narasimha Jayanti, där hans anhängare ber och utför ritualer för att hedra hans gudomliga närvaro.

Nataraja

Nataraja är en viktig gud i den hinduiska mytologin och representerar Lord Shiva i hans kosmiska dansform. Natarajas namn betyder "Dansens konung" och han avbildas med flera armar och ben, omgiven av en ring av eld. Han balanserar på ett ben och utför Tandava, en kraftfull och dynamisk dans som symboliserar den kontinuerliga cykeln av skapande, bevarande och förstörelse i universum.

Natarajas dans tros upprätthålla den kosmiska ordningen och livets rytm. Hans övre högra hand håller en trumma, som symboliserar ljudet av skapelse, medan den övre vänstra handen håller en flamma, som representerar förstörelse.

Nataraja avbildas också med en upphöjd fot, som triumferande krossar okunnighet och illusion. Hans bild tjänar som en kraftfull påminnelse om det harmoniska samspelet mellan förstörelse och skapelse, liksom existensens eviga natur.

Hängivna dyrkar ofta Nataraja för att söka inspiration, andlig upplysning och förvandling genom symboliken i hans gudomliga dans.

Rama

Rama är en vördad gudom, erkänd som den sjunde avataren av Lord Vishnu. Han avbildas som en idealisk kung, hängiven make och plikttrogen son.

Rama är känd för sina orubbliga moraliska värderingar, rättfärdighet och sitt engagemang för att upprätthålla dharma (rättfärdighet). Han avbildas ofta med pil och båge, vilket symboliserar hans skicklighet som krigare.

Ramas episka resa, som skildras i den hinduiska skriften Ramayana, är en berättelse om triumf över motgångar och det godas slutgiltiga seger över det onda. Hans exil, räddningen av hans fru Sita från demonkungen Ravana och slutligen återkomsten till Ayodhya som den rättmätige härskaren är alla viktiga kapitel i hans liv.

Rama förkroppsligar mod, ära och dygd, och hängivna vördar honom som en inkarnation av gudomligt medvetande och en källa till inspiration för att leva ett rättfärdigt liv.

Saraswati

Saraswati är en vördad gudinna i den hinduiska mytologin, känd som förkroppsligandet av kunskap, visdom, kreativitet och konst. Hon avbildas ofta som en vacker och fridfull gudinna, klädd i vitt som symboliserar renhet och upplysning.

Saraswati avbildas när hon spelar veena, ett stränginstrument, som symboliserar den harmoniska blandningen av konst och intellekt. Hon ses också hålla i en bok som representerar Vedas, de uråldriga skrifterna om kunskap.

Sarawati dyrkas av studenter, forskare och konstnärer som söker hennes välsignelse för visdom och inspiration. Som lärdomens gudinna tros hon vägleda och upplysa dem som ägnar sig åt att söka kunskap, utbildning och konst.

Saraswatis närvaro ses som en integrerad kraft inom kreativitet och intellektuell tillväxt, och man ber om hennes välsignelser under viktiga akademiska och kulturella evenemang.

Shakti

Shakti är en kraftfull och gudomlig kraft som ofta personifieras som energin eller den feminina aspekten av den högsta varelsen, Brahman. Shakti är även känd som Devi eller den stora gudinnan och är den kreativa och vårdande essens som genomsyrar universum. Hon avbildas i olika former och manifestationer, som Durga, Kali, Lakshmi och Saraswati, som alla representerar olika aspekter av hennes kraft.

Shakti är både mild och våldsam och förkroppsligar egenskaperna medkänsla, styrka och beskydd. Hon dyrkas av hängivna som söker kraft, transformation och befrielse.

Shakti vördas som källan till all energi, drivkraften bakom skapelsen och katalysatorn för andligt uppvaknande. Hennes närvaro och välsignelser åberopas i ritualer, ceremonier och böner som syftar till att utnyttja hennes transformativa kraft och anpassa sig till den universella energin.

Shiva

Shiva är en av de mest kraftfulla och betydelsefulla gudarna i den hinduiska mytologin. Shiva kallas ofta för förstöraren eller förvandlaren och är en del av den heliga treenigheten av hinduiska gudar, tillsammans med Brahma och Vishnu. Han vördas som den högsta varelsen och representerar både de maskulina och feminina egenskaperna skapande och förstörelse.

Shiva avbildas som en yogi, vanligtvis i djup meditation eller i sin våldsamma form känd som Nataraja, dansens herre. Han är prydd med en halvmåne på huvudet, som symboliserar tidens kretslopp, och bär en orm runt halsen, som representerar hans kontroll över ego och begär.

Shiva förknippas med berget Kailash, där han tros bo tillsammans med sin gemål, gudinnan Parvati. Shivas anhängare söker hans välsignelser för andligt uppvaknande, befrielse och skydd. Han är känd för sin djupa visdom, sitt avståndstagande från världsliga bindningar och sin roll som vägvisare för sökare på vägen mot andlig upplysning.

www.ingramcontent.com/pod-product-compliance
Lightning Source LLC
Chambersburg PA
CBHW041740160426
43200CB00003BA/35